JAPANSK KOKBOK FÖR VEGANER

Njut av enkelheten hos 100 japanskinspirerade växtbaserade läckerheter

LISA NYBERG

Copyright Material ©2023

Alla rättigheter förbehållna

Ingen del av denna bok får användas eller överföras i någon form eller på något sätt utan korrekt skriftligt medgivande från utgivaren och upphovsrättsinnehavaren, förutom korta citat som används i en recension. Den här boken bör inte betraktas som en ersättning för medicinsk, juridisk eller annan professionell rådgivning.

INNEHÅLLSFÖRTECKNING

INNEHÅLLSFÖRTECKNING 3
INLEDNING 6
FÖRRÄTTAR 7
   1. INARI SUSHI 8
   2. GRÖNSAKSGYOZA 10
   3. ONIGIRI (RISBOLLAR) MED NORI 12
   4. AGEDASHI TOFU 14
   5. MINTY NUDLAR COOKIES 16
   6. EDAMAME MED HAVSSALT 18
   7. FRITERADE RAMEN-RINGAR 20
   8. JAPANSK KRYDDIG VIT SÅS 22
   9. JAPANSK LAX OCH GURKBITAR 24
   10. JAPANSK KETO-OKRA SKÅL 26
   11. JAPANSKA SOMMARMACKOR 28
   12. NORI SEAWEED POPCORN 30
   13. SOJAMARINERADE SVAMPAR 32
   14. CRISPY SHISHITO PEPPERS 34
   15. VEGANSKA YAKITORI-SPETT 36
   16. VEGANSK OKONOMIYAKI (JAPANSKA PANNKAKOR) 38
RAMEN MAINS **40**
   17. VEGANSK RAMEN MED ROSTADE RÖDA MISOGRÖNSAKER 41
   18. JAPANSKA TERIYAKI ZOODLES WOKA 44
   19. SÖT RAMEN MED TOFU 46
   20. SHOYU RAMEN 48
   21. MISO RAMEN 50
   22. RAMEN NUDLAR 52
   23. INSTANT RAMEN 54
   24. KIMCHEE NUDLAR 56
   25. HOT SHOT AV RAMEN 58
   26. RAMEN MIDDAG 60
   27. SÖT & KRYDDIG RAMENRÖRA 62
   28. CHILI KOKOS RAMEN 64
   29. RAMENRÖRA MED GRÖNA BÖNOR 66
   30. RAMEN SEOUL 68
   31. WOKADE GRÖNSAKER OCH RAMEN 70
   32. ROSTADE GRÖNSAKER MED RAMEN 72
   33. LÄTT VEGAN RAMEN 74
   34. RÖD PAPRIKA LIME RAMEN 76
BULLING **78**
   35. VEGANSK DASHIBULJONG 79
   36. UMAMI GRÖNSAKSBULJONG 81
   37. KLAR LÖKSOPPA 83
   38. MISOSOPPA BAS 85
   39. SOJASÅSBASERAD BULJONG 87

40. GRÖNSAKS-RAMENBULJONG 89
41. SHIITAKESVAMPBULJONG 91
42. SESAM MISO-BULJONG 93
43. KRYDDIG TOFU OCH KIMCHI-BULJONG 95
44. VEGETARISK KOTTERI-BULJONG 97
45. UDON NUDELBULJONG 99
46. GRÖNT TEBULJONG 101
47. GRÖNSAKSMISOSVAMPBULJONG 103
48. INGEFÄRA CITRONGRÄSBULJONG 105
49. CHESTNUT SHIITAKE-BULJONG 107
50. SÖTPOTATIS OCH KOKOSBULJONG 109
51. SAKE OCH TORKAD SVAMPBULJONG 111
52. WASABI OCH NORI INFUSED BROTH 113
53. KLAR SVAMPSOPPA 115
SOPPA **117**
    54. KENCHINJIRU (JAPANSK GRÖNSAKSSOPPA) 118
    55. JAPANSK YAM OCH GRÖNKÅLSSOPPA 121
    56. NORI NUDELSOPPA 123
    57. SVAMP RAMEN SOPPA 125
    58. MISOSOPPA MED TOFU OCH KÅL 127
    59. MISOSOPPA MED TOFU OCH TÅNG 129
    60. SOBA NUDELSOPPA MED SPENAT OCH SALLADSLÖK 131
    61. UDON NUDELSOPPA MED TEMPURA-GRÖNSAKER 133
    62. RAMENSOPPA MED MAJS OCH BOKCHOY 135
    63. SOJAMJÖLK OCH PUMPASOPPA 137
    64. VEGANSK SUKIYAKI SOUP 139
    65. VEGANSK SOMEN NUDELSOPPA 141
    66. NUDLAR CURRYSOPPA 143
    67. RAMENSOPPA MED SVAMP 145
SALLAD **147**
    68. SESAMTÅNGSSALLAD 148
    69. ÄPPELRAMSALLAD 150
    70. SAMBAL RAMENSALLAD 152
    71. SAUCY SERRANO RAMENSALLAD 154
    72. MANDARIN RAMENSALLAD 156
    73. RAMEN MED KÅL OCH SOLROSFRÖN 158
    74. KRÄMIG NÖTTER OCH NUDLAR SALLAD 160
    75. JAPANSKINSPIRERAD SESAM INGEFÄRSSALLAD 162
    76. MISO-GLASERAD ROSTAD GRÖNSAKSSALLAD 164
    77. KIKÄRTS- OCH AVOKADOSALLAD 166
    78. CRUNCHY FRIED TOFU SUSHI BOWL 168
    79. ASIATISK QUINOASALLAD 171
SUSHI BOWLS **173**
    80. SUSHI BOWL SALLAD 174
    81. WOKAD SUSHI BOWL 176
    82. ORANGE SUSHI CUPS 178

83. Peach Sushi Bowl	180
84. Ratatouille Sushi Bowl	182
85. Avocado Sushi Bowl	184
DESSERTER	**186**
86. Japansk lemony shochu	187
87. Mochi godis	189
88. Japanska fruktspett	191
89. Agar fruktig salsa	193
90. Kinako Dango	195
91. Dorayaki	197
92. Matcha Glass	199
93. Zenzai	201
94. Okoshi	203
95. Dango	205
96. Japansk kaffegelé	207
97. Vegansk Matcha Tiramisu	209
98. Vegan Sakura Mochi	211
99. Vegan Kinako Warabi Mochi	213
100. Vegansk Yuzu Sorbet	215
SLUTSATS	**217**

INTRODUKTION

Välkommen till japansk kokbok för veganer, en kulinarisk odyssé som överskrider gränserna för kostpreferenser, och bjuder in dig till en värld där konsten att leva med växter harmoniserar utan ansträngning med det japanska kökets tidlösa smaker. I gastronomins gobeläng, där enkelhet blir en konstform, framträder den här kokboken som ett vägledande ljus, som lyser upp vägen till att njuta av enkelheten hos 100 japanskinspirerade, växtbaserade läckerheter.

I ett samhälle som alltmer värdesätter medveten och medkännande mat, står den här kokboken som ett bevis på tron att läckra, själsnärande måltider inte behöver kompromissa med principer eller smak. Oavsett om du är en erfaren veganälskare eller en nykomling i den växtbaserade livsstilen, betrakta denna kokbok som din portal till ett rike där kulinariska traditioner och modernt medvetande möts.

När vi ger oss ut på denna kulinariska resa, föreställ oss köket inte bara som ett utrymme för att laga mat utan som en duk där kreativiteten utspelar sig. Vart och ett av de 100 recepten på dessa sidor är en inbjudan att utforska den invecklade balansen mellan smaker, texturer och tekniker som definierar japansk matlagning. Från de umamirika djupen av miso till den känsliga dansen av soja, varje rätt hyllar Japans kulturella rikedom samtidigt som de följer principerna för växtbaserat liv.

Termen japansk kapslar in mer än bara ett förhållningssätt till matlagning; den förkroppsligar en filosofi som omfattar den enkelhet som är inneboende i japanska kulinariska traditioner. Varje recept är en brygga mellan autenticitet och innovation, tradition och anpassning. Så, med förkläde på och knivar slipade, låt köket bli din fristad, och dessa recept är din guide när vi genomkorsar världen av "japanska" veganska läckerheter. I detta kulinariska äventyr kan du inte bara njuta av smakerna utan också finna inspiration, glädje och tillfredsställelse i konsten att växtbaserade japanska köket. Låt resan börja.

FÖRRÄTTAR

1. Inari Sushi

INGREDIENSER:
- 1 dl sushiris, kokt och smaksatt med risvinäger
- 1 paket inari-fickor (söta tofupåsar)
- Sesamfrön till garnering
- Tunt skivad salladslök

INSTRUKTIONER:
a) Öppna försiktigt inari-fickorna.
b) Fyll varje ficka med en liten mängd kryddat sushiris.
c) Garnera med sesamfrön och skivad salladslök.

2.Grönsaksgyoza

INGREDIENSER:
- 1 dl vitkål, finhackad
- 1/2 dl morötter, rivna
- 1/2 dl shiitakesvamp, finhackad
- 2 salladslökar, fint hackade
- 1 vitlöksklyfta, finhackad
- 1 tsk ingefära, riven
- 1 msk sojasås
- Gyoza omslag
- Vegetabilisk olja för stekning
- Dipsås (sojasås, risvinäger och en skvätt sesamolja)

INSTRUKTIONER:
a) Blanda kål, morötter, shiitakesvamp, salladslök, vitlök, ingefära och sojasås i en skål.
b) Lägg en sked av blandningen i ett gyoza-omslag, vik och försegla kanterna.
c) Stek gyoza tills den är gyllenbrun på båda sidor.
d) Servera med dippsås.

3.Onigiri (risbollar) med Nori

INGREDIENSER:
- 2 dl sushiris, kokt
- Nori-ark, skurna i strimlor
- Salt att smaka
- Fyllningar (inlagda plommon, avokado eller sauterade grönsaker)

INSTRUKTIONER:
a) Blöt händerna och strö salt på dem.
b) Ta en näve kokt sushiris och forma det till en triangel eller boll.
c) Lägg en liten mängd fyllning i mitten.
d) Varva med nori-remsor.
e) Upprepa för att göra mer onigiri.

4. Agedashi Tofu

INGREDIENSER:
- 1 block fast tofu, skuren i tärningar
- 1/2 kopp majsstärkelse
- Vegetabilisk olja för stekning
- 1 kopp dashi (vegansk version)
- 2 msk sojasås
- 1 msk mirin
- 1 msk riven daikonrädisa (valfritt)
- Hackad salladslök till garnering

INSTRUKTIONER:

a) Belägg tofutärningarna i majsstärkelse och fritera tills de är gyllenbruna.
b) I en separat kastrull, kombinera dashi, sojasås och mirin. Låt koka upp.
c) Lägg friterad tofu i ett serveringsfat, häll såsen över.
d) Garnera med riven daikon och hackad salladslök.

5.Mintiga nudlar kakor

4

INGREDIENSER:
- 4 (3 oz.) paket ramennudlar, okokta
- 1 (16 oz.) påsar mörk chokladchips
- 12-14 droppar pepparmyntsextrakt
- 1-2 droppar spear mintextrakt
- 1-2 droppar vintergrönt extrakt
- 24 klubbor

INSTRUKTIONER:
a) Bryt nudlarna i bitar och lägg dem i en mixerskål. Ställ en kastrull på låg värme. Rör ner chokladbitarna i det .
b) Rör ner myntaextraktet. Koka dem i 1 min . Häll blandningen över nudlarna och blanda dem väl.
c) Använd en stor matsked för att skeda blandningen i form av kakor på en uppradad bakplåt. ställ kastrullen i kylen i minst 1 timme. Servera dina kakor med dina favoritpålägg.
d) Njut av.

6.Edamame med havssalt

INGREDIENSER:
- 2 koppar edamame (färsk eller fryst)
- Havssalt, efter smak

INSTRUKTIONER:

a) Om du använder fryst edamame, koka dem i saltat vatten i 3-5 minuter eller tills de är mjuka.

b) Häll av och strö över havssalt.

c) Servera varm eller i rumstemperatur.

7. Friterade ramen-ringar

INGREDIENSER:
- Smet för stekning, reservera 2 koppar
- 1 dl självjäsande mjöl
- 1 tsk salt
- 1/4 tsk peppar
- 2 ägg, vispade
- 1 kopp öl
- Lök
- 2 (3 oz.) paket ramennudlar, paket reserverad olja, för stekning
- 1 stor Vidalia lök, ringmärkt

INSTRUKTIONER:

a) Skaffa en stor mixerskål: Vispa i den mjöl, ägg, öl, en nypa salt och peppar.
b) Skaffa en matberedare: Skär den ena ramen på mitten och bearbeta den i den tills den blir mald. Tillsätt det i mjölsmeten och blanda dem väl. Krossa den andra ramen fint och lägg den i en grund form. Tillsätt kryddningspaketet och blanda dem väl.
c) Placera en stor panna på medelvärme. Fyll 3/4 tum av den med olja och värm den.
d) Belägg lökringarna med mjölsmeten och doppa dem i den krossade nudlarna. Lägg dem i den heta oljan och koka dem tills de blir gyllenbruna.
e) Servera dina lökringar med din favoritdipp.
f) Njut av.

8.Japansk kryddig vit sås

INGREDIENSER:
- 2 ¼ kopp japansk majonnäs
- 1 ¼ tsk vitlökspulver
- 1 kopp. Ketchup
- 1 msk paprika
- 3 ¼ matskedar socker
- 2 tsk lökpulver
- 1 ¼ tsk cayennepeppar
- 1 tsk havssalt
- 1 ½ tsk srirachasås
- 1 kopp. vatten

INSTRUKTIONER:
a) I en ren stor skål, häll i alla ingredienser
b) Rör om och vispa väl tills det är klumpfritt
c) Ställ den i kylen tills du är redo att använda den
d) Servera den med ris, pasta eller grönsakssalladsdressing

9.Japansk lax och gurkbitar

INGREDIENSER:
- 1 gurka. Djärvt skivad
- ½ pund laxfilé
- 1 ¼ tsk sojasås
- 2 msk salladslök. Fint malet
- 1 tsk mirin
- 1 Ichimi togarashi (japansk chilipeppar)
- 1 tsk sesamolja
- ½ tsk svarta sesamfrön

INSTRUKTIONER:

a) Kombinera laxen, sojasåsen, salladslöken, sesamoljan och mirin i en liten blandningsskål.

b) Lägg gurkskivorna på ett fat, skeda en skopa av laxen på den och ringla över resterande salladslök och sesamfrön

10. Japansk keto-okra skål

INGREDIENSER:
- 2 okra fingrar
- 2 msk sojasås
- 2 msk bonitoflingor
- 2 msk sväng/munkfrukt
- 2 matskedar vatten
- 2 matskedar sake
- 2 tsk sesamfrön, rostade
- 2 msk bonitoflingor

INSTRUKTIONER:
a) Koka upp 2 dl vatten i en spishäll
b) I en annan gryta, rör ner sojasås, bonitoflingor, 2 tsk vatten, sake, vänd och fräs i 1 minut
c) Återgå till det nu kokande vattnet och häll i okran, koka i 3 minuter eller tills det är mjukt
d) Låt rinna av och skär i djärva skivor
e) Lägg den skivade okran i en skål och häll såsen över
f) Garnera med sesamfrön och bonitoflingor

11. Japanska sommarsmörgåsar

INGREDIENSER:
- Brödskivor, sex
- Jordgubbe, en kopp
- Vispad grädde, en kopp

INSTRUKTIONER:
a) Först bör du förbereda ditt bröd.
b) Vispa antingen en halv kopp vispgrädde i en skål tills den blir styv och fördela jämnt på brödet.
c) Tvätta sedan, skär av stjälkarna och skär varje jordgubbe på mitten.
d) Din smörgås är redo att serveras.

12. Nori Seaweed Popcorn

INGREDIENSER:
- Svarta sesamfrön, en matsked
- Farinsocker, en matsked
- Salt, halva teskedar
- Kokosolja, halva teskedar
- Popcornkärna, halv kopp
- Smör, två matskedar
- Nori tångflingor, en matskedar

INSTRUKTIONER:
a) Mal nori-tångflingorna, sesamfrön, socker och salt i en mortelstöt till ett fint pulver.
b) Smält kokosoljan i en stor tjockbottnad kastrull.
c) Tillsätt popcornkärnor, täck med lock och koka på medelvärme tills de poppar.
d) Tillsätt omedelbart resten av majsen efter att majsen har poppat, sätt tillbaka locket och koka, skaka pannan då och då tills alla kärnor har poppats.
e) Överför den poppade majsen till en stor skål och häll över det smälta smöret, om du använder det.
f) Strö över din söta och salta noriblandning och använd händerna för att blanda väl tills varje bit är belagd.
g) Toppa med resterande sesamfrön.

13. Sojamarinerade svampar

INGREDIENSER:
- 4 förpackningar enokisvamp eller din favoritsvamp
- 2 msk sojasås
- 3 matskedar solrosolja
- 3 msk risvinäger
- 3 matskedar mitsuba. Fint hackad
- 2 röda chilipeppar.
- Kosher salt
- 2 msk grön shiso. Finhackat

INSTRUKTIONER:
a) På låg värme, häll oljan i en kastrull och värm den
b) Tillsätt svampen i den heta oljan och fräs tills den absorberar all olja
c) Stäng av värmen och rör ner sojasås, vinäger, shiso, mitsuba, salt och peppar.
d) Servera eller kyl den när den svalnat.

14. Krispiga Shishito-peppar

INGREDIENSER:
- 1 kopp shishito paprika
- 2 matskedar vegetabilisk olja
- Havssalt, efter smak
- Citronklyftor till servering

INSTRUKTIONER:
a) Värm vegetabilisk olja i en panna på medelhög värme.
b) Tillsätt shishito-peppar och fräs tills de blåsor och blir krispiga.
c) Strö över havssalt och servera med citronklyftor.

15. Veganska Yakitori-spett

INGREDIENSER:
- 1 dl fast tofu, skuren i tärningar
- 1 dl svamp (shiitake eller knapp), hel eller halverad
- 1 kopp körsbärstomater
- 1/2 kopp sojasås
- 1/4 kopp mirin
- 2 matskedar socker
- Träspett, indränkt i vatten

INSTRUKTIONER:

a) Trä upp tofu, champinjoner och körsbärstomater på spetten.
b) Blanda sojasås, mirin och socker i en kastrull. Sjud tills det tjocknat något.
c) Grilla eller stek spetten, pensla med såsen tills de är karamelliserade.

16.Vegansk Okonomiyaki (japanska pannkakor)

INGREDIENSER:
- 1 kopp strimlad vitkål
- 1/4 kopp riven morot
- 2 msk hackad salladslök
- 1/2 kopp universalmjöl
- 1/2 kopp vatten
- 1 msk sojasås
- 1 matsked vegetabilisk olja
- Vegansk majonnäs och okonomiyakisås till topping

INSTRUKTIONER:
a) Blanda kål, morot, salladslök, mjöl, vatten och sojasås i en skål.
b) Hetta upp vegetabilisk olja i en panna och bred ut smeten i en pannkakaform.
c) Koka tills båda sidor är gyllenbruna.
d) Toppa med vegansk majonnäs och okonomiyakisås innan servering.

RAMEN MAIN S

17. Vegansk Ramen med rostade röda misogrönsaker

INGREDIENSER:
FÖR BULJUNGEN:
- 2 msk. vegetabilisk olja
- 1 medelstor gul lök, hackad
- 1 stor morot, skalad och skivad
- 10 vitlöksklyftor, skalade och krossade
- 1 4" bit ingefära, skivad
- Kosher salt
- 5 oz. färska shiitakesvampar (stjälkar borttagna, kapsyler reserverade)
- 2 segment (3") kombu
- 0,5 oz. torkad shiitakesvamp
- 2 huvuden baby bok choy, i fjärdedelar
- 6 salladslökar, hackade
- 4 dl grönsaksfond

FÖR DE ROSTADE RÖDA MISO-GRÖNSIRNA:
- 6 oz. baby portobellosvamp, i fjärdedelar
- 5 oz. shiitakesvampkapslar (reserverade från buljong)
- 1 stor morot, tunt skivad
- 2 huvuden baby bok choy, i fjärdedelar
- 0,5 dl skalad edamame
- 1 msk. röd misopasta
- 2 vitlöksklyftor, rivna
- 1 tsk. ingefära, riven
- 2 salladslökar, vita delar hackade, gröna tunt skivade och reserverade
- 1 msk. vegetabilisk olja
- Kosher salt

ATT AVSLUTA:
- 0,25 dl sojasås
- 0,25 dl mirin
- 1 msk. rostade sesamfrön
- 1 förpackning (10 uns) torra ramen vetenudlar
- sesamolja
- sesamfrön
- Gröna lökar

INSTRUKTIONER:
GÖR BULJ:
a) Värm vegetabilisk olja i en stor holländsk ugn över medelvärme. Tillsätt lök, morot, ingefära, vitlök och en nypa salt. Koka i 7 minuter tills grönsakerna börjar få färg.

b) Tillsätt shiitake stjälkar, kombu, torkad shiitake svamp, bok choy och salladslök. Häll i grönsaksfond och 4 dl vatten. Koka upp och låt sjuda under lock i 25 minuter.

c) Sila buljongen genom en finmaskig sil i en stor skål, pressa ut vätska från grönsaker. Kassera fast material. Sätt tillbaka buljongen i den holländska ugnen, smaka av med salt.

GÖR ROSTADE MISO-GRÖNS:
d) Värm ugnen till 425°F. Blanda misopasta, olja, salladslök, ingefära och riven vitlök i en skål.

e) Kasta morötter och svamp separat i misoblandningen. Överför till en folieklädd plåt, lämna plats för bok choy och edamame. Rosta i 5 minuter.

f) I en separat skål, släng bok choy och edamame med olja, smaka av med salt. Lägg på plåten och rosta i ytterligare 15 minuter tills alla grönsaker är mjuka och gyllene.

MONTERA:
g) Koka ramennudlar enligt anvisningarna på förpackningen och låt rinna av.

h) Vispa mirin och sojasås i en liten skål.

i) Tillsätt 1,5 koppar varm buljong, nudlar i varje skål och toppa med morötter, svamp och bok choy. Ringla över soja-mirinblandningen.

j) Garnera med rostad edamame, salladslök, sesamolja och sesamfrön före servering.

18.Japanska teriyaki zoodles woka

INGREDIENSER:
- 2 matskedar vegetabilisk olja
- 1 medelstor lök, tunt skivad
- 2 medelstora zucchinis, skurna i tunna strimlor
- 2 msk teriyakisås
- 1 msk sojasås
- 1 msk rostade sesamfrön
- malen svartpeppar

INSTRUKTIONER:

a) Placera en stor panna på medelvärme. Hetta upp oljan i den. Tillsätt löken och koka den i 6 minuter.

b) Rör ner zucchinin och koka dem i 2 minuter. Tillsätt de återstående ingredienserna och koka dem i 6 minuter. Servera din woka direkt. Njut av.

19.Söt ramen med tofu

INGREDIENSER:
- 1 paket ramennudlar
- 2 C. vatten
- 2 matskedar vegetabilisk olja
- 3 skivor tofu, 1/4 tum tjocka
- 2 C. sojabönskott
- 1/2 liten zucchini, tunt skivad
- 2 salladslökar, skivade
- 1/2 kopp söta gröna ärtskidor
- mjöl
- kryddsalt
- sesamolja

INSTRUKTIONER:
a) Skiva varje tofubit i 3 bitar. Pudra dem med lite mjöl. Placera en stor stekpanna på medelvärme. Hetta upp 1 matsked olja i den.

b) Koka tofun i den i 1 till 2 minuter på varje sida. Töm den och lägg den åt sidan. Hetta upp en skvätt olja i samma panna. Fräs grönsakerna i den i 6 minuter. Lägg dem åt sidan.

c) Koka nudlarna. Rör i det kryddpaketet.

d) Placera en stor stekpanna på medelvärme. Hetta upp en skvätt olja i den.

e) Koka böngroddarna i den i 1 minut.

f) Lägg de stekta böngroddarna i botten av serveringsskålen. Toppa den med ramen, kokta grönsaker och tofu. Servera dem varma. Njut av.

20.Shoyu Ramen

INGREDIENSER:
- Chashu, en kopp
- Nitamago, efter behov
- Shiitake, efter behov
- La-yu, efter behov
- Nori, halv kopp
- Ramen, fyra förpackningar
- Dashi, halv kopp

INSTRUKTIONER:

a) Koka ramen i en kastrull med saltat kokande vatten, rör om med tång eller ätpinnar tills den är kokt, ungefär en minut.

b) I en liten kastrull på medelvärme, värm dashi och shiitake tills det knappt sjuder.

c) Koka i en minut och ta bort från värmen.

d) Ställ shiitake åt sidan.

e) Tillsätt dashi och nudlar i serveringsskålen.

f) Toppa med chashu, nitamago, shiitake, salladslök, en klick la-yu och nori, om så önskas.

21.Miso Ramen

INGREDIENSER:
- Misopasta, 1 matsked
- Blanda grönsaker, 1 kopp
- Ramen, 2 förpackningar
- Sojasås, 1 matsked

INSTRUKTIONER:
a) Koka ramen och koka grönsakerna.
b) Blanda nu alla resterande ingredienser och servera varm.

22.Ramen nudlar

INGREDIENSER:
- Ramen nudlar, två förpackningar
- Misopasta, två matskedar
- Sojasås, en matsked

INSTRUKTIONER:
a) Blanda alla ingredienserna och koka väl i tio minuter.
b) Din rätt är redo att serveras.

23.Omedelbar Ramen

INGREDIENSER:
- Instant ramennudlar, två förpackningar
- Snabb kryddblandning, två matskedar
- Vatten, tre koppar

INSTRUKTIONER:
a) Blanda alla ingredienser och koka i tio minuter.
b) Din rätt är redo att serveras.

24.Kimchee nudlar

INGREDIENSER:
- 1 1/2 kopp kimchee
- 1 (3 oz.) paket instant ramennudlar med orientalisk smak
- 1 (12 oz.) paket Skräppost, i kuber
- 2 matskedar vegetabilisk olja

INSTRUKTIONER:
a) Koka nudlarna enligt anvisningarna på förpackningen. Sätt pannan på medelvärme. Hetta upp oljan i den. Fräs spambitarna i den i 3 minuter.
b) Rör ner nudlarna efter att ha tömt dem och koka dem i ytterligare 3 minuter.
c) Rör ner kimchee och koka dem i 2 minuter. servera dina nudlar värma.

25.Hot shot av ramen

INGREDIENSER:
- 1 1/2 dl vatten
- 1 liten gul lök, fint tärnad
- 1 revbensselleri, fint tärnad
- 6 babymorötter, julienne
- 1 (3 oz.) paket ramennudlar, trasiga
- 1 (5 1/2 oz.) burkar sardiner i tomatsås
- 2-3 skvätt varm sås

INSTRUKTIONER:

a) Placera en stor kastrull med vatten på medelvärme. Rör i vatten, lök, selleri och morötter. Koka dem i 12 minuter. Rör ner nudlarna och koka i 3 till 4 minuter.

b) Rör ner sardinerna med tomat och varm sås i kastrullen. Tjäna det är varmt med dina favoritpålägg.

26.Ramen middag

INGREDIENSER:
- 1 (6 oz.) burkar tonfisk i vegetabilisk olja
- 1 (3 oz.) paket ramennudlar, valfri smak
- 1/2 kopp frysta blandade grönsaker

INSTRUKTIONER:
a) Placera en stor stekpanna på medelvärme. Hetta upp en skvätt olja i den.
b) Koka tonfisken i den i 2 till 3 minuter.
c) Förbered ramennudlarna enligt anvisningarna på förpackningen med grönsakerna.
d) Ta bort nudlarna och grönsakerna från vattnet och överför dem till pannan. Rör ner kryddpaketet i dem och koka dem i 2 till 3 minuter.
e) Servera din ramen tonfisk varm.

27. Söt och kryddig ramenröra

INGREDIENSER:
- 1 (14 oz.) förpackningar extra fast tofu, i tärningar
- 8 tsk sojasås
- 2 matskedar vegetabilisk olja
- 8 oz. shiitakesvamp, tunt skivad
- 2 tsk asiatisk chilisås
- 3 vitlöksklyftor, hackade
- 1 msk riven färsk ingefära
- 3 1/2 Cups buljong
- 4 (3 oz.) paket ramennudlar, paket kasserade
- 3 matskedar cidervinäger
- 2 tsk socker
- 1 (6 oz.) påsar Babyspenat

INSTRUKTIONER:
a) Använd några pappershanddukar för att klappa tofun torr.
b) Skaffa en blandningsskål: Rör i tofun med 2 tsk sojasås.
c) Placera en stor panna på medelvärme. Hetta upp 1 matsked olja i den. Fräs tofun i 2 till 3 minuter på varje sida och låt den rinna av och lägg den åt sidan .
d) Hetta upp resten av oljan i samma stekpanna. Fräs svampen i den i 5 minuter. Tillsätt chilisås, vitlök och ingefära. Låt dem koka i 40 sekunder .
e) Krossa ramen i bitar. Rör ner det i pannan med buljongen och koka dem i 3 minuter eller tills ramen är klar.
f) Tillsätt 2 msk sojasås, vinäger och socker. Tillsätt spenaten och koka dem i 2 till 3 minuter eller tills den smälter .
g) Vik ner tofun i nudlarna och servera den sedan varm.

28. Chili kokos ramen

INGREDIENSER:

- 1 (3 oz.) paket ramennudlar
- 2 msk jordnötssmör
- 1 tsk sojasås med låg natriumhalt
- 1 1/2 tsk chili-vitlökssås
- 2-3 matskedar varmt vatten
- 2 matskedar sötad flingad kokosnöt

Garnering

- broccolibukett
- jordnötter
- strimlad morot

INSTRUKTIONER:

a) Förbered nudlarna enligt anvisningarna på förpackningen samtidigt som du slänger kryddpaketet.

b) Skaffa en stor mixerskål: Vispa i den jordnötssmör, hälften av kryddpaketet, sojasås, chili-vitlökssås, 2-3 matskedar varmt vatten tills de blir jämna.

c) Tillsätt nudlarna i skålen och släng dem för att täcka. Servera din spaghetti.

d) Njut av.

29. Ramenröra med gröna bönor

INGREDIENSER:
- 1 1/2 kg färska gröna bönor
- 2 (3 oz.) paket ramennudlar
- 1/2 kopp vegetabilisk olja
- 1/3 C. rostad mandel
- salt efter behov
- svartpeppar efter behov

INSTRUKTIONER:
a) Putsa de gröna bönorna och skiva dem i 3 till 4 tums bitar. Lägg haricots verts i en ångkokare och koka dem tills de blir mjuka.
b) Skaffa en stor stekpanna. Rör i det oljan med 1 kryddpaket.
c) Krossa 1 paket nudlar och rör ner det i stekpannan. Tillsätt de ångade gröna bönorna och koka dem i 3 till 4 minuter.
d) Justera kryddningen på din stek och servera den varm.

30.Ramen Seoul

INGREDIENSER:

- 1 medelstor potatis
- 1 paket ramennudlar
- 1 grön lök, skivad (valfritt)
- 1 stort ägg, uppvispat

INSTRUKTIONER:

a) Släng potatisskalet och skär dem i små tärningar.
b) Förbered nudlarna enligt instruktionerna på förpackningen samtidigt som du tillsätter potatisen och tillsätter 1/4 av vattnet som behövs i grytan.
c) Rör om kryddpaketet och koka dem till potatis tills det blir mjukt.
d) Kombinera salladslöken i grytan och koka dem tills ramen är klar. Tillsätt äggen i soppan under omrörning hela tiden tills de är kokta.
e) Servera din soppa varm.

31. Wokade grönsaker och Ramen

INGREDIENSER:
- 4-5 stjälkar bok choy, skurna i 2-tums bitar
- 3 morötter, skivade
- 2 st grön paprika, skuren i tunna skivor
- 1 paket ramennudlar, kokta
- 1 kopp färska böngroddar
- 1 burk baby majs nuggets, sköljda
- 1 kopp teriyaki tråckla och glasera
- 1 matsked vegetabilisk olja
- 1 kopp vatten

INSTRUKTIONER:
a) Tillsätt lite olja i en non-stick panna och koka morötter, peppar och skivad bok choy i 3 minuter.
b) Tillsätt lite vatten med böngroddar och majs, koka i 3-4 minuter.
c) Tillsätt nu teriyaki och blanda väl. Sjud i 4 minuter.
d) Servera och njut.

32.Rostade grönsaker med Ramen

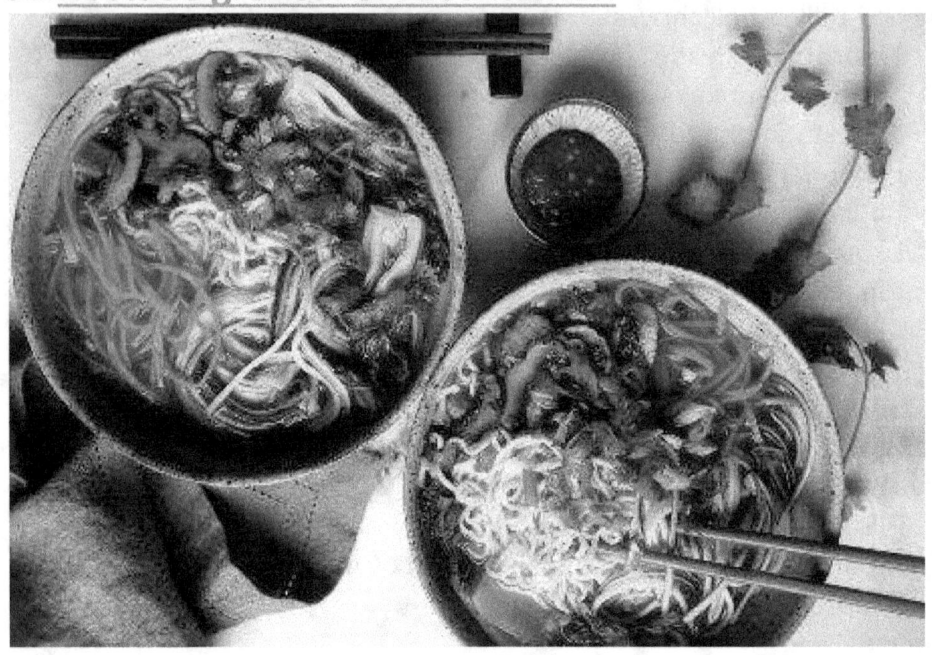

INGREDIENSER:
- 2 paket nudlar, kokta
- 2 morötter, skalade, skivade
- 1 kopp broccoli, buketter
- 2 paket nudel kryddblandning
- 3 stjälkar selleri, putsade
- 1 röd paprika, skivad
- 1 dl svamp, hackad
- 1 lök, hackad
- Salt att smaka
- 1 tsk ingefära, finhackad
- ¼ tesked vitlök, finhackad
- 2 matskedar vegetabilisk olja
- 2 matskedar vinäger
- 2 msk sojasås

INSTRUKTIONER:

a) Hetta upp lite olja i en panna och fräs löken med ingefära vitlökspasta i 1-2 minuter.
b) Tillsätt alla grönsaker och fräs i 4-5 minuter.
c) Tillsätt lite kryddor och sojasås, blanda väl för att kombinera.
d) Tillsätt några skvätt vatten och koka under lock i 6 minuter på låg värme.
e) Tillsätt nu nudlarna och vinägern, blanda ihop.
f) Njut av.

33.Lätt vegansk Ramen

INGREDIENSER:

- 2 msk sesamolja
- 2 ägg, kokta
- 1 tsk ingefära, riven
- 4-5 vitlöksklyftor, hackade
- 2 msk sojasås
- 4 dl grönsaksbuljong
- 1 dl färska shiitakesvampar
- 1 ½ dl babyspenat
- 2 paket ramennudlar
- 1/4 kopp salladslök, skivad
- 2-3 morötter, strimlade
- 3 matskedar sesamfrön

INSTRUKTIONER:

a) Hetta upp lite olja i en kastrull och fräs lite ingefära och vitlök i 20 sekunder.
b) Tillsätt lite grönsaksbuljong med alla kryddor och sojasås. Blanda väl.
c) Tillsätt alla grönsaker (förutom salladslöken), rör om väl.
d) Koka under lock i 9-10 minuter på låg värme.
e) Tillsätt nu nudlarna och koka igen i 3 minuter.
f) Toppa med ägg, sesamfrön och salladslök.
g) Tjäna.

34.Röd paprika Lime Ramen

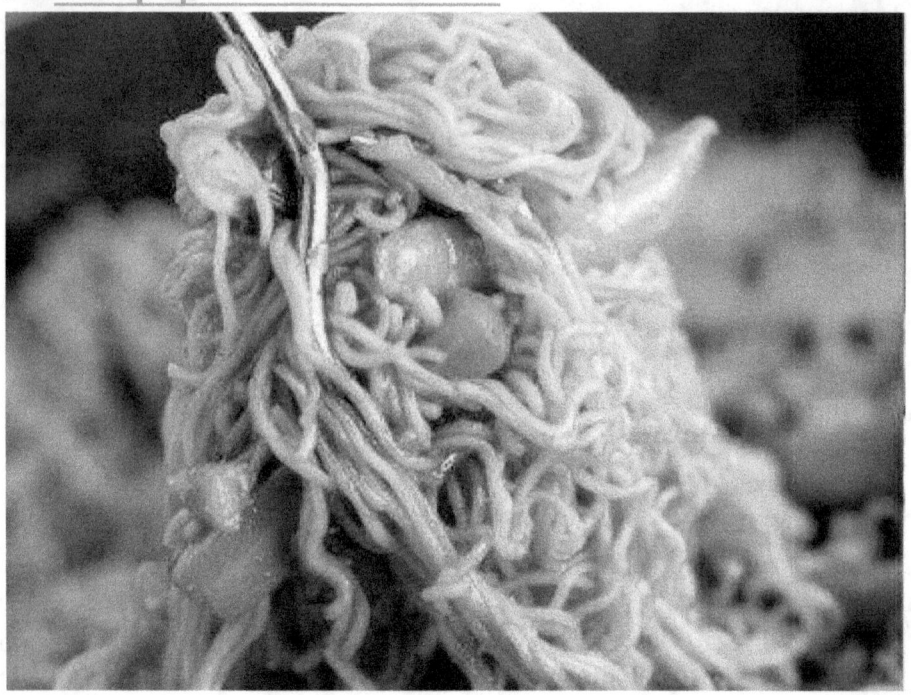

INGREDIENSER:
- 4 matskedar sojasås
- 2 tsk sambal oelek
- 1 msk honung
- 2 tsk risvinäger
- 2 tsk sesamolja
- 4 tsk limejuice
- 1 tsk vegetabilisk olja
- 2 msk ingefära, finhackad
- 1 lök, skivad
- 1 dl röd paprika, skivad
- ¼ kopp färska hackade korianderblad
- 2 stora knippen salladslökar, hackade
- 2 paket nudlar, kokta med kryddor
- salt för smaksättning

INSTRUKTIONER:
a) Hetta upp lite olja i en panna och fräs ingefäran tills den doftar.
b) Tillsätt paprikan och fräs i 4-5 minuter eller tills den är genomstekt.
c) Tillsätt nu alla kryddor, salt, sojasås och sambal oelek, blanda väl.
d) Tillsätt även lite lök och fräs i 3-4 minuter.
e) Tillsätt nudlar, limejuice, honung, vinäger och sesamolja, blanda ihop.
f) Lägg över till ett serveringsfat och toppa med salladslök.

BULJONG

35. Vegansk dashibuljong

INGREDIENSER:

- 25 g shiitakesvamp (torkad)
- 10 g kombu
- 1 liter vatten

INSTRUKTIONER:

a) Ta en kastrull med min. 500 ml kapacitet och lägg Shiitake-högen i en kruka och kombu i den andra.

b) Koka upp båda kastrullerna och låt dem sedan puttra i 1 timme.

c) Sila till sist av ingredienserna och lägg ihop de två brygderna.

d) Lägg 235 ml vardera i en soppskål. Tillsätt pasta och toppings efter önskemål.

36.Umami grönsaksbuljong

2

INGREDIENSER:

- 2 msk lätt misopasta
- 2 msk rapsolja
- 2 matskedar vatten
- 2 lökar (skalade och finhackade)
- 2 morötter (skalade och finhackade)
- 4 stjälkar selleri (finhackade)
- 1 st purjolök (finhackad)
- 1 fänkålslök (finhackad)
- 5 korianderrötter
- 1 vitlökhuvud (halverat)
- ½ knippe platt bladpersilja
- 5 torkade shiitakesvampar
- 20 g kombu
- 2 teskedar salt
- 1 tsk svartpeppar
- 2 lagerblad
- ½ tsk gula senapsfrön
- ½ tsk korianderfrön
- 3,5 liter vatten

INSTRUKTIONER:

a) Blanda misopasta med rapsolja och 2 msk vatten och ställ åt sidan.

b) Lägg grönsakerna, kombu och shiitakesvamp på en plåt. Ringla den blandade misopasta över den. Låt det hela stå i ugnen i 1 timme på 150 ° C. Vänd på det emellan.

c) Lägg sedan de rostade grönsakerna i en stor kastrull. Tillsätt kryddorna och häll i vatten. Koka upp allt, sänk värmen och låt det sedan puttra i 1,5 timme.

d) Lägg 235 ml vardera i en soppskål. Tillsätt pasta och toppings efter önskemål.

37.Klar Löksoppa

INGREDIENSER:

- 6 dl grönsaksbuljong
- 2 lökar (tärnade)
- 1 stjälkselleri (tärnad)
- 1 morot (skalad och tärnad)
- 1 msk vitlök (hackad)
- ½ tsk ingefära (hackad)
- 1 tsk sesamolja
- 1 dl knappsvamp (mycket tunt skivad)
- ½ kopp salladslök (skivad)
- för att smaka salt och peppar
- efter smak av sojasås (valfritt)
- att smaka Sriracha (valfritt)

INSTRUKTIONER:

a) Fräs löken i en kastrull i lite olja tills den är lite karamelliserad. Cirka 10 minuter.

b) Tillsätt morot, selleri, vitlök och ingefära, sesamolja och buljong. Smaka av med salt och peppar.

c) Koka upp och låt sjuda i 30 minuter.

d) Sila grönsakerna från buljongen.

e) Lägg en näve salladslök och tunt skivad svamp i skålar. Häll soppan ovanpå.

f) Valfritt: Tillsätt en skvätt sojasås och sriracha efter smak.

38.Misosoppa bas

INGREDIENSER:
- 4 koppar vegansk dashi
- 3 matskedar vit eller röd misopasta
- 1 kopp tofu, i tärningar
- 1 kopp wakame tång, återfuktad

INSTRUKTIONER:

a) Värm vegansk dashi i en gryta tills den håller på att koka.

b) Lös upp misopasta i en liten mängd av dashi och lägg tillbaka den i grytan.

c) Tillsätt tofu och återfuktad wakame-tång.

d) Sjud i ca 5 minuter tills tofun är genomvärmd. Koka inte när mison är tillsatt.

39. Sojasåsbaserad buljong

INGREDIENSER:

- 4 dl vatten eller grönsaksbuljong
- 1/4 kopp sojasås
- 2 msk mirin
- 1 matsked sake (valfritt)
- 1 matsked socker
- 1 tsk riven ingefära

INSTRUKTIONER:

a) I en gryta, kombinera vatten eller grönsaksbuljong, sojasås, mirin, sake, socker och riven ingefära.

b) Koka upp och låt koka i 10-15 minuter.

c) Justera kryddningen efter din smak.

40.Grönsaks Ramen buljong

INGREDIENSER:

- 6 dl grönsaksbuljong
- 1 lök, skivad
- 3 vitlöksklyftor, hackade
- 1 morot, skivad
- 1 stjälkselleri, hackad
- 1 msk sojasås
- 1 msk misopasta

INSTRUKTIONER:

a) Fräs lök, vitlök, morot och selleri i en kastrull tills de är mjuka.
b) Tillsätt grönsaksbuljong, sojasås och misopasta. Blanda väl.
c) Låt koka upp och koka i 15-20 minuter.
d) Sila av buljongen och kassera det fasta materialet.

41. Shiitakesvampbuljong

INGREDIENSER:
- 6 dl vatten eller grönsaksbuljong
- 1 dl torkad shiitakesvamp
- 1 lök, i fjärdedelar
- 2 vitlöksklyftor, krossade
- 1 bit kombu (valfritt)

INSTRUKTIONER:

a) I en gryta, kombinera vatten eller grönsaksbuljong, torkad shiitakesvamp, lök, vitlök och kombu.

b) Koka upp och sänk sedan värmen för att sjuda. Koka i 20-30 minuter.

c) Sila av buljongen och kassera det fasta materialet.

42.Samma Miso-buljong

INGREDIENSER:
- 4 dl grönsaksbuljong
- 3 msk vit misopasta
- 2 msk tahini (sesampasta)
- 1 msk sojasås
- 1 tsk sesamolja
- 1 salladslök, hackad

INSTRUKTIONER:
a) Värm grönsaksbuljong i en gryta tills det är på väg att koka.
b) Blanda misopasta, tahini, sojasås och sesamolja i en liten skål för att bilda en slät pasta.
c) Tillsätt misoblandningen i den varma buljongen, rör om väl.
d) Sjud i 5-7 minuter, garnera med hackad salladslök.

43.Kryddig Tofu och Kimchi-buljong

INGREDIENSER:

- 4 koppar vegansk dashi
- 1/2 kopp kimchi, hackad
- 1/2 kopp fast tofu, i tärningar
- 2 matskedar gochujang (koreansk röd chilipasta)
- 1 msk sojasås
- 1 tsk sesamfrön

INSTRUKTIONER:

a) I en gryta, kombinera vegansk dashi, kimchi, tofu, gochujang och sojasås.

b) Låt koka upp och koka i 10 minuter.

c) Garnera med sesamfrön före servering.

44. Vegetarisk Kotteri-buljong

INGREDIENSER:

- 500 g butternutsquash (ca 300 g skalad och grovskuren)
- 2 lökar (skalade och grovt hackade)
- 3 vitlöksklyftor (skalade)
- 100 g färsk shiitakesvamp
- 6 torkade shiitakesvampar
- 6-8 g kombu
- 2 liter vatten
- 2 tsk paprikapulver
- 2 msk ingefära (hackad)
- 75 ml sojasås
- 4 WL misopasta
- 3 matskedar risvinäger
- 3 msk kokosolja
- 2 teskedar salt
- olivolja

INSTRUKTIONER:

a) Värm ugnen till 250°C.
b) Ta en stor kastrull och koka upp ca 2 liter vatten. Tillsätt den torkade shiitakesvampen och kombu. Sänk värmen och låt allt puttra i ca 1 timme.
c) Blanda pumpan, löken, vitlöken och de färska shiitakesvamparna med lite olivolja och paprika och bred ut på en plåt.
d) Tillaga grönsakerna i ugnen i ca 15
e) minuter. Sänk temperaturen till 225°C och koka i ytterligare 15 minuter.
f) Efter att buljongen har puttrat i en timme, ta bort svampen och kombu och tillsätt grönsakerna och ingefäran. Låt buljongen puttra i 20 minuter med locket stängt.
g) Purea buljongen fint.
h) Tillsätt sedan misopasta, sojasås, risvinäger, kokosolja och salt och puré buljongen igen. Vid behov kan buljongen spädas med vatten.
i) Lägg 235 ml vardera i en soppskål. Tillsätt pasta och toppings efter önskemål.

45.Udon Nudelbuljong

INGREDIENSER:

- 6 dl grönsaksbuljong
- 1 dl skivad shiitakesvamp
- 1 kopp bok choy, hackad
- 2 msk sojasås
- 1 msk mirin
- 1 tsk riven ingefära
- 8 oz udonnudlar, kokta

INSTRUKTIONER:

a) I en gryta, kombinera grönsaksbuljong, shiitakesvamp, bok choy, sojasås, mirin och riven ingefära.

b) Sjud i 15-20 minuter tills grönsakerna är mjuka.

c) Fördela de kokta udonnudlarna mellan serveringsskålar och häll den varma buljongen över dem.

46. Grönt te buljong

INGREDIENSER:
- 4 koppar vatten
- 2 grönt tepåsar
- 1 msk sojasås
- 1 msk mirin
- 1 tsk rivet citrongräs
- 1 dl spenat, hackad

INSTRUKTIONER:
a) Koka upp vattnet och låt de gröna tepåsarna dra i 5 minuter.
b) Ta bort tepåsarna och tillsätt sojasås, mirin och rivet citrongräs.
c) Tillsätt hackad spenat och låt sjuda i ytterligare 3-5 minuter.

47. Grönsaks-misosvampbuljong

INGREDIENSER:

- 5 dl grönsaksbuljong
- 1/2 kopp torkad shiitakesvamp
- 1 dl skivad ostronsvamp
- 3 msk vit misopasta
- 2 msk sojasås
- 1 msk sesamolja

INSTRUKTIONER:

a) I en gryta, kombinera grönsaksbuljong, torkad shiitakesvamp, ostronsvamp, misopasta, sojasås och sesamolja.

b) Sjud i 20-25 minuter.

c) Justera eventuellt krydda innan servering.

48. Ingefära citrongräsbuljong

INGREDIENSER:

- 4 dl grönsaksbuljong
- 2 msk sojasås
- 1 msk misopasta
- 1 msk riven ingefära
- 2 citrongrässtjälkar, krossade
- 1 morot, skivad
- 1 dl snöärtor, putsade

INSTRUKTIONER:

a) I en gryta, kombinera grönsaksbuljong, sojasås, misopasta, riven ingefära och krossat citrongräs.
b) Lägg i skivad morot och snöärter.
c) Sjud i 15-20 minuter tills grönsakerna är mjuka.

49.Kastanj shiitake buljong

INGREDIENSER:

- 5 koppar vatten
- 1 dl torkad shiitakesvamp
- 1 kopp rostade kastanjer, skalade
- 1 msk sojasås
- 1 msk mirin
- 1 tsk sesamolja

INSTRUKTIONER:

a) I en gryta, kombinera vatten, torkad shiitakesvamp, rostade kastanjer, sojasås, mirin och sesamolja.
b) Sjud i 20-25 minuter.
c) Sila av buljongen och kassera det fasta materialet.

50. Sötpotatis och kokosbuljong

INGREDIENSER:
- 4 dl grönsaksbuljong
- 1 dl sötpotatis, tärnad
- 1 burk (14 oz) kokosmjölk
- 2 msk sojasås
- 1 msk lönnsirap
- 1 tsk currypulver

INSTRUKTIONER:
a) I en gryta, kombinera grönsaksbuljong, tärnad sötpotatis, kokosmjölk, sojasås, lönnsirap och currypulver.
b) Sjud i 15-20 minuter tills sötpotatisen är mjuk.

51. Sake och torkad svampbuljong

INGREDIENSER:

- 4 koppar vatten
- 1 dl torkad shiitakesvamp
- 1 kopp torkade öronsvampar
- 1/4 kopp sojasås
- 2 matskedar sake
- 1 msk risvinäger

INSTRUKTIONER:

a) Kombinera vatten, torkade shiitakesvampar, torkade öronsvampar, sojasås, sake och risvinäger i en kastrull.
b) Sjud i 20-25 minuter.
c) Sila av buljongen och kassera det fasta materialet.

52.Wasabi och Nori Infused Broth

INGREDIENSER:
- 4 dl grönsaksbuljong
- 1 msk sojasås
- 1 msk misopasta
- 1 msk risvinäger
- 1 tsk wasabipasta
- 2 ark nori (tång), riven i bitar

INSTRUKTIONER:

a) I en gryta, kombinera grönsaksbuljong, sojasås, misopasta, risvinäger, wasabipasta och riven nori.

b) Sjud i 15-20 minuter, låt smakerna smälta.

c) Sila av buljongen och släng noribitarna.

53.Klar svampsoppa

INGREDIENSER:
- 6 dl vatten
- 1 dl skivad shiitakesvamp
- 1 kopp skivad enoki-svamp
- 1 dl skivad ostronsvamp
- 1 morot, finhackad
- 1 msk sojasås
- 1 msk mirin
- 1 matsked sake (valfritt)
- 1 tsk sesamolja

INSTRUKTIONER:
a) Koka upp vattnet i en kastrull.
b) Tillsätt shiitake, enoki, ostronsvamp och skuren morot.
c) Smaksätt med sojasås, mirin, sake och sesamolja.
d) Sjud i 15-20 minuter tills grönsakerna är mjuka.

SOPPAR

54.Kenchinjiru (japansk grönsakssoppa)

INGREDIENSER:
FÖR DEN VEGAN DASHI:
- 1 bit kombu (torkad kelp) (4 x 4 tum, 10 x 10 cm per bit)
- 5 dl vatten (till kombu)
- 3 torkade shiitakesvampar
- 1 dl vatten (för shiitake)

FÖR SOPPA:
- 7 oz fast tofu (½ 14-oz block)
- ½ paket konnyaku (konjac) (4,6 oz, 130 g)
- 7 oz daikonrädisa (2 tum, 5 cm)
- 3,5 oz morot (1 medelstor morot)
- 3 bitar taro (satoimo)
- 3,5 oz gobo (kardborrerot) (½ gobo)

FÖR KRYDDERNA:
- 1 msk rostad sesamolja
- 3 msk sake
- ½ tsk Diamond Crystal kosher salt
- 2 msk sojasås

FÖR GARNERING:
- 2 salladslökar/salladslökar
- Shichimi togarashi (japansk sju kryddor) (valfritt)
- Japansk sanshopeppar (valfritt)

INSTRUKTIONER:
ATT FÖRBEREDA:
a) Föregående natt: Rengör försiktigt 1 bit kombu (torkad kelp) med en fuktig handduk. Blötlägg kombu i 5 dl vatten över natten. Om du inte har tid, hoppa över blötläggningen.

b) Koka långsamt upp kombuvattnet. Strax innan vattnet kokar, ta bort och kassera kombu. Stäng av värmen och ställ åt sidan.

c) Lägg 3 torkade shiitakesvampar i en liten skål och täck med 1 dl vatten. Placera en mindre skål ovanpå för att säkerställa att svampen är nedsänkt.

d) Slå in 7 oz fast tofu med en pappershandduk och lägg den på en tallrik. Lägg en annan tallrik ovanpå för att pressa tofun, låt rinna av i 30 minuter.

e) Skär ½ paket konnyaku (konjac) i lagom stora bitar. Koka i 2–3 minuter för att ta bort lukten. Häll av vattnet och ställ åt sidan.

f) Skala och skär 7 oz daikonrädisa, 3,5 oz morot och 3 bitar taro (satoimo) i skivor. Blötlägg satoimo i vatten för att ta bort den slemmiga konsistensen.

g) Skrapa huden på 3,5 oz gobo (kardborrerot) under rinnande vatten. Skär den i tunna skivor. Blötlägg i vatten i 5 minuter och låt rinna av.

h) När shiitakesvampen är mjuk, krama ur vätskan och ställ åt sidan. Sila shiitake dashi i en finmaskig sil för att ta bort partiklar och ställ åt sidan.

ATT LAGA KENCHINJIRU:
i) Hetta upp en stor gryta och tillsätt 1 msk rostad sesamolja. Fräs daikon, morot, taro (satoimo), gobo (kardborrerot) och konnyaku tills de är täckta med olja.

j) Tillsätt shiitakesvampen och riven tofun. Fräs tills alla ingredienser är täckta med olja.

k) Tillsätt shiitake dashi och kombu dashi. Koka upp.

l) Sänk värmen för att sjuda. Koka i 10 minuter, skumma då och då för att ta bort skum.

m) Efter 10 minuter, tillsätt 3 msk sake och ½ tsk Diamond Crystal kosher salt. Fortsätt koka tills grönsakerna är mjuka. Tillsätt slutligen 2 msk sojasås.

ATT TJÄNA:
n) Strax före servering, skiva 2 salladslökar tunt.

o) Servera soppan och garnera med salladslök. Strö över valfri shichimi togarashi och japansk sanshopeppar om du gillar det kryddigt.

p) Förvara resterna i en lufttät behållare eller grytan och förvara i kylen.

55. Japansk Yam och grönkålssoppa

INGREDIENSER:
- 2 vitlöksklyftor
- 1 lök
- 1 japansk yam
- 2 oz lockig grönkål
- 1 jalapeno
- 1 majsöra
- 1 burk cannellinibönor
- 2 paket grönsaksbuljongkoncentrat
- ½ tsk spiskummin
- 1 msk oregano
- 1 msk olivolja
- Salt och peppar

INSTRUKTIONER:
FÖRBERED GRÖNSAKERNA:
a) Finhacka vitlöken.
b) Skala och tärna löken.
c) Tärna den japanska jammen (du behöver inte skala).
d) Skala av grönkålen och skiva bladen tunt.
e) Putsa, kärna ur och finhacka jalapeñon.
f) Ta bort skalet från majsen och skär majskärnorna från kolven.
g) Låt rinna av och skölj cannellinibönorna.

STARTA SOPPA:
h) Ställ en stor gryta på medelhög värme med 1 msk olivolja.
i) När oljan är varm, tillsätt hackad vitlök, hackad lök, jalapeño och en nypa salt.
j) Koka tills det doftar, cirka 2 till 3 minuter.
k) Tillsätt tärnad yam, majskärnor, cannellinibönor, grönsaksbuljong, spiskummin, oregano, 3 koppar vatten, 1/4 tsk salt och en nypa peppar i soppgrytan.
l) Låt sjuda, täck och koka tills den japanska yamen är gaffelmör, cirka 10 till 12 minuter.
m) Tillsätt den skivade grönkålen i soppan och rör om.
n) Slev den japanska jams- och grönkålssoppan mellan stora skålar.

56. Nori nudlar soppa

INGREDIENSER:

- 1 (8 oz.) paket torkade sobanudlar
- 1 kopp beredd dashifond
- 1/4 C. sojasås
- 2 msk mirin
- 1/4 tsk vitt socker
- 2 msk sesamfrön
- 1/2 kopp hackad salladslök
- 1 ark nori (torkad tång), skuren i tunna strimlor (valfritt)

INSTRUKTIONER:

a) Koka nudlarna enligt anvisningarna på förpackningen. Häll av den och kyl den med lite vatten.

b) Ställ en liten kastrull på medelvärme. Rör i dashi, sojasås, mirin och vitt socker. Koka tills det börjar koka.

c) Stäng av värmen och låt blandningen tappa värme i 27 minuter. Dela sesamfröna med nudlar på serveringsskålar och häll buljongsoppan över.

d) Garnera dina soppskålar med nori och salladslök.

e) Njut av.

57.Ramen svampsoppa

INGREDIENSER:
- 2 dl svamp, skivad
- 2 paket ramennudlar
- 1 tsk svartpeppar
- 2 matskedar varm sås
- 2 msk sojasås
- 1 msk Worcestershiresås
- ¼ tesked salt
- 3 dl grönsaksbuljong
- 1 lök, hackad
- 2 msk chilisås
- 2 msk jordnötsolja

INSTRUKTIONER:

a) Hetta upp olja i en kastrull och fräs svampen i 5-6 minuter på medelvärme.

b) Tillsätt buljong, salt, peppar, varm sås, worcestershiresås, lök och sojasås, blanda väl. Koka i några minuter.

c) Tillsätt nudlarna och koka i 3 minuter.

d) När det är klart, lägg över i en serveringsskål och toppa med chilisås.

e) Njut av.

58. Misosoppa med tofu och kål

INGREDIENSER:
- 750 ml ekologisk kyckling- eller grönsaksfond
- 3 cm bit ingefära
- 2 vitlöksklyftor
- 1 färsk röd chili
- ½ savojkål
- 1 morot
- 2 msk misopasta
- lågsaltad sojasås
- 100 g sidentofu

INSTRUKTIONER:

a) Häll fonden i en kastrull och låt koka upp.
b) Skala och julienne ingefäran, skala och finhacka vitlöken, kärna ur och hacka chilin. Lägg i fonden, täck och låt sjuda i 5 minuter.
c) Kärna ur och strimla kålen. Skala och fräs moroten, lägg sedan i pannan, täck och låt sjuda i ytterligare 3 till 4 minuter, eller tills kålen vissnat.
d) Rör ner misopasta och en god skvätt soja efter smak.
e) Tillsätt tofun och låt stå några minuter innan servering.

59. Misosoppa med tofu och sjögräs

INGREDIENSER:
- 4 koppar vegansk dashi
- 3 matskedar misopasta
- 1/2 kopp tofu, i tärningar
- 2 matskedar wakame-tång, återfuktad
- 2 salladslökar, skivade

INSTRUKTIONER:
a) Värm vegansk dashi i en gryta.
b) Lös upp misopasta i en liten mängd dashi och lägg tillbaka den i grytan.
c) Tillsätt tofu och återfuktad wakame-tång.
d) Sjud i 5 minuter, garnera med skivad salladslök.

60.Soba nudelsoppa med spenat och salladslök

INGREDIENSER:

- 6 dl grönsaksbuljong
- 2 buntar sobanudlar
- 2 dl färsk spenat
- 4 salladslökar, skivade
- 1 msk sojasås
- 1 msk mirin
- 1 tsk riven ingefära

INSTRUKTIONER:

a) Koka sobanudlar enligt anvisningarna på förpackningen och låt rinna av.
b) Värm grönsaksbuljong i en gryta med sojasås, mirin och riven ingefära.
c) Tillsätt färsk spenat och skivad salladslök.
d) När spenaten vissnar, tillsätt kokta sobanudlar i buljongen.

61. Udon Nudelsoppa med Tempura-grönsaker

INGREDIENSER:
- 6 dl grönsaksbuljong
- 2 förpackningar udonnudlar
- Diverse tempura grönsaker (sötpotatis, zucchini, broccoli)
- 2 msk sojasås
- 1 msk mirin
- 1 msk risvinäger
- Salladslök, skivad (för garnering)

INSTRUKTIONER:

a) Koka udonnudlar enligt anvisningarna på förpackningen och låt rinna av.

b) Värm grönsaksbuljong med sojasås, mirin och risvinäger i en gryta.

c) Förbered tempura grönsaker genom att steka eller baka tills de är knapriga.

d) Servera udonnudlar i buljongen, toppad med tempura grönsaker och skivad salladslök.

62.Ramensoppa med majs och bokchoy

INGREDIENSER:
- 4 dl grönsaksbuljong
- 2 förpackningar ramennudlar
- 1 dl skivad shiitakesvamp
- 1 kopp skivad bok choy
- 1 kopp majskärnor
- 1 msk sojasås
- 1 msk misopasta
- 1 tsk sesamolja

INSTRUKTIONER:

a) Koka ramennudlar enligt anvisningarna på förpackningen och låt rinna av.

b) Värm grönsaksbuljong med sojasås, misopasta och sesamolja i en gryta.

c) Lägg till skivad shiitakesvamp, bok choy och majskärnor.

d) Sjud i 5-7 minuter tills grönsakerna är mjuka.

e) Servera ramennudlarna i buljongen.

63.Sojamjölk och pumpasoppa

INGREDIENSER:

- 4 koppar osötad sojamjölk
- 1 dl pumpa, skalad och tärnad
- 1 lök, hackad
- 2 msk misopasta
- 1 msk sojasås
- 1 msk sesamolja
- 1 tsk riven vitlök

INSTRUKTIONER:

a) Fräs löken i sesamolja i en kastrull tills den är genomskinlig.
b) Tillsätt pumpa och fortsätt koka i några minuter.
c) Häll i sojamjölk och låt koka upp.
d) Lös upp misopasta i en liten mängd buljong och lägg tillbaka den i grytan.
e) Smaksätt med sojasås och riven vitlök. Sjud tills pumpan är mjuk.

64. Vegansk Sukiyaki Soppa

INGREDIENSER:
- 4 dl grönsaksbuljong
- 1/4 kopp sojasås
- 2 msk mirin
- 2 matskedar socker
- 1 kopp tofu, skivad
- 1 kopp shirataki nudlar
- Blandade grönsaker (Napakål, svamp, salladslök)

INSTRUKTIONER:
a) I en gryta, kombinera grönsaksbuljong, sojasås, mirin och socker.
b) Lägg till tofu, shirataki nudlar och diverse grönsaker.
c) Sjud tills grönsakerna är mjuka.
d) Servera varmt med ångat ris.

65. Vegansk Somen Nudelsoppa

INGREDIENSER:
- 6 dl grönsaksbuljong
- 2 buntar somen nudlar
- 1 dl snöärtor, tunt skivade
- 1 morot, finhackad
- 1 msk sojasås
- 1 msk risvinäger
- Sesamfrön och skivad salladslök till garnering

INSTRUKTIONER:

a) Koka några nudlar enligt anvisningarna på förpackningen och låt rinna av.
b) Värm grönsaksbuljong med soja och risvinäger i en gryta.
c) Lägg i skivade snöärtor och skurna morötter.
d) Servera lite nudlar i buljongen, garnerad med sesamfrön och skivad salladslök.

66.Nudlar currysoppa

INGREDIENSER:
- 3 morötter, skurna i lagom stora bitar
- 1 liten lök, skuren i lagom stora bitar
- 3 matskedar vatten
- 1/4 C. vegetabilisk olja
- 1/2 kopp universalmjöl
- 2 msk universalmjöl
- 2 msk rött currypulver
- 5 C. varm grönsaksfond
- 1/4 C. sojasås
- 2 tsk lönnsirap
- 8 oz. udonnudlar, eller mer efter smak

INSTRUKTIONER:

a) Skaffa en mikrovågssäker skål: Rör ner vattnet med morot och lök i den. lägg på locket och koka dem på hög höjd i 4 min 30 sek.

b) Ställ en soppgryta på medelvärme. Hetta upp oljan i den. Tillsätt 1/2 kopp plus 2 matskedar mjöl och blanda dem för att göra en pasta.

c) Tillsätt curryn med het fond och koka dem i 4 minuter medan du rör om hela tiden. Tillsätt den kokta löken och moroten med sojasås och lönnsirap.

d) Koka nudlarna enligt anvisningarna på förpackningen tills de blir mjuka.

e) Koka soppan tills den börjar koka. Rör ner nudlarna och servera din soppa varm.

67.Ramen soppa med svamp

INGREDIENSER:
- 2 dl bladspenat
- 2 paket ramennudlar
- 3 dl grönsaksbuljong
- 3-4 vitlöksklyftor, hackade
- ¼ tesked lökpulver
- Salta och peppra, efter smak
- 1 matsked vegetabilisk olja
- ¼ kopp vårlök, hackad
- 3-4 champinjoner, hackade

INSTRUKTIONER:

a) Tillsätt grönsaksbuljongen, saltet, oljan och vitlöken i en kastrull och låt koka i 1-2 minuter.

b) Tillsätt nu nudlar, svamp, vårlök, spenat och svartpeppar, koka i 2-3 minuter.

c) Njut varmt.

SALADER

68. Sesam tångsallad

INGREDIENSER:
- 1 kopp wakame tång, återfuktad
- 1 msk sesamolja
- 1 msk sojasås
- 1 msk risvinäger
- 1 tsk socker
- Sesamfrön till garnering

INSTRUKTIONER:

a) Blanda rehydrerad wakame-tång med sesamolja, sojasås, risvinäger och socker.

b) Garnera med sesamfrön före servering.

69.Äppel ramen sallad

0

INGREDIENSER:

- 12 oz. broccolibuketter
- 1 (12 oz.) påsar broccoli coleslaw mix
- 1/4 C. solrosfrön
- 2 (3 oz.) paket ramennudlar
- 3 matskedar smör
- 2 matskedar olivolja
- 1/4 C. skivad mandel
- 3/4 C. vegetabilisk olja
- 1/4 C. farinsocker
- 1/4 C. äppelcidervinäger
- 1/4 C. salladslök, hackad

INSTRUKTIONER:

a) Placera en stor stekpanna på medelvärme. Hetta upp oljan i den.

b) Tryck på ramen med händerna för att krossa den. Rör det i pannan med mandeln.

c) Koka dem i 6 minuter och ställ sedan kastrullen åt sidan.

d) Skaffa en stor blandningsskål: Häll broccoli, broccolislaw och solrosor i den. Tillsätt nudelblandningen och släng dem igen.

e) Skaffa en liten blandningsskål: Blanda i den vegetabiliska oljan, farinsockret, äppelcidervinägern och paketet Ramen nudelkrydda för att göra vinägretten.

f) Ringla vinägretten över hela salladen och rör om så att den täcks. Servera din sallad med salladslöken ovanpå. Njut av.

70. Sambal ramensallad

INGREDIENSER:
- 1 (3 oz.) paket ramennudlar
- 1 dl kål, strimlad
- 4 salladslökar, skär i 1 tums bitar
- 2-3 morötter
- snöärtor, skurna
- 3 matskedar majonnäs
- 1/2 tsk sambal oelek, eller sriracha
- 1-2 tsk citronsaft
- 1/4 C. jordnötter, hackade
- koriander, hackad

INSTRUKTIONER:
a) Förbered nudlarna enligt anvisningarna på förpackningen och koka i 2 minuter. Ta bort den från vattnet och ställ den åt sidan för att rinna av.
b) Skaffa en liten blandningsskål: Vispa majonnaise , sambal olek och citronsaft i den för att göra såsen
c) Skaffa en stor blandningsskål: kombinera i den kål, morötter, salladslök, snöärter, kokta nudlar, majonnässås , en nypa salt och peppar. Blanda dem väl.
d) Servera din sallad och njut.

71. Saucy serrano ramen sallad

INGREDIENSER:

- 1 gul lök, hackad
- 2 romatomater, hackade
- 1 serrano chili, hackad
- 1 röd paprika, rostad och skalad, medelhackad
- 1 kopp blandade grönsaker i tärningar
- 2 (3 oz.) paket instant ramennudlar med orientalisk smak
- 1 grönsaksbuljongtärning
- 1 tsk spiskumminpulver
- 1 tsk rött chilipulver
- 4 msk spaghettisås
- 2 tsk rapsolja eller 2 tsk annan vegetabilisk olja

INSTRUKTIONER:

a) Placera en stor panna på medelvärme. Hetta upp oljan i den. Fräs i den löken med tomat och serrano chili i 3 minuter.

b) Rör ner ett kryddpaket och Maggi-buljongtärningen. Rör ner grönsakerna, spiskumminen och 1/2 C vatten. Koka dem i 6 minuter. Rör ner spaghettisåsen och koka dem i ytterligare 6 minuter.

c) Förbered nudlarna enligt anvisningarna på förpackningen. Kasta nudlarna med grönsaksblandningen. Servera den varm. Njut av.

72. Mandarin ramen sallad

INGREDIENSER:
- 1 (16 oz.) paket coleslaw mix
- 2 (3 oz.) paket ramennudlar, smulade
- 1 kopp skivad mandel
- 1 (11 oz.) burkar mandarin apelsiner, avrunna
- 1 kopp rostade solrosfrön, skalade
- 1 knippe salladslök, hackad
- 1/2 kopp socker
- 3/4 C. vegetabilisk olja
- 1/3 C. vit vinäger
- 2 paket paket ramenkrydda

INSTRUKTIONER:

a) Skaffa en liten blandningsskål: Vispa i den vinäger, ramenkrydda, olja och socker för att göra dressingen.

b) Skaffa en stor blandningsskål: Släng i den coleslaw-blandningen med nudlar, mandel, mandarin, solrosfrön och lök.

c) Ringla dressingen över dem och häll över dem. Ställ in salladen i kylen i 60 minuter och servera den sedan. Njut av.

73. Ramen med kål och solrosfrön

INGREDIENSER:
RAMEN
- 16 oz. strimlad kål, eller coleslaw mix
- 2/3 kopp solrosfrön
- 1/2 kopp strimlad mandel
- 3 påsar instant ramennudlar med orientalisk smak, knäckta, okokta, paketet sparat
- 1 knippe salladslök, hackad

VINÄGRETT
- 1/2 kopp olja
- 3 msk rödvinsvinäger
- 3 matskedar socker
- 2 tsk peppar
- 3 paket kryddor från instant ramennudlar med orientalisk smak

INSTRUKTIONER:
a) Skaffa en stor blandningsskål: Häll salladsingredienserna i den.
b) Skaffa en liten blandningsskål: Vispa i den dresskng ingredienserna.
c) Ringla dressingen över salladen och häll över dem. Servera den direkt.
d) Njut av.

74.Krämig nötter och nudlar sallad

INGREDIENSER:
- 1 paket ramennudlar
- 1 kopp tärnad selleri
- 1 (8 oz.) burkar skivade vattenkastanjer, avrunna
- 1 dl hackad rödlök
- 1 kopp tärnad grön paprika
- 1 kopp ärtor
- 1 kopp majonnäs

INSTRUKTIONER:
a) Krossa nudlarna i 4 bitar. Förbered dem enligt instruktionerna på förpackningen.

b) Skaffa en stor blandningsskål: Töm nudlarna och släng den med selleri, vattenkastanjer, lök, peppar och ärter i den.

c) Skaffa en liten blandningsskål: Vispa i majonnäsen med 3 kryddpaket. Tillsätt dem i salladen och häll över dem. Ställ in salladen i kylen i 1 till 2 timmar och servera den sedan.

75. Japanskinspirerad sesam ingefärssallad

INGREDIENSER:
- 6 koppar blandad grönsallad (sallat, spenat, ruccola)
- 1 gurka, tunt skivad
- 1 morot, finhackad
- 1 dl körsbärstomater, halverade
- 2 msk sesamfrön

KLÄ PÅ SIG:
- 3 msk sojasås
- 2 msk risvinäger
- 1 msk lönnsirap
- 1 msk sesamolja
- 1 tsk riven ingefära

INSTRUKTIONER:
a) I en stor skål, kombinera grönsallad, gurka, morot och körsbärstomater.
b) I en liten skål, vispa ihop ingredienserna till dressingen.
c) Ringla dressingen över salladen, blanda väl.
d) Strö över sesamfrön före servering.

76. Miso-glaserad rostad grönsakssallad

INGREDIENSER:
- 4 koppar blandade rostade grönsaker (sötpotatis, paprika, zucchini)
- 1 kopp quinoa, kokt
- 1/4 kopp skivad mandel
- 1/4 kopp hackad färsk koriander

Klä på sig:
- 2 msk vit misopasta
- 2 msk risvinäger
- 1 msk sojasås
- 1 msk lönnsirap
- 1 msk sesamolja

INSTRUKTIONER:
a) Kombinera rostade grönsaker och quinoa i en stor skål.
b) I en liten skål, vispa ihop misopasta, risvinäger, sojasås, lönnsirap och sesamolja för att göra dressingen.
c) Häll dressingen över grönsakerna och quinoan, blanda väl.
d) Garnera med skivad mandel och koriander innan servering.

77.Kikärts- och avokadosallad

INGREDIENSER:
- 2 dl kokta kikärter
- 1 avokado, tärnad
- 1 dl körsbärstomater, halverade
- 1/2 rödlök, finhackad
- 1/4 kopp hackad färsk persilja

KLÄ PÅ SIG:
- 3 matskedar olivolja
- 2 msk citronsaft
- 1 vitlöksklyfta, finhackad
- Salta och peppra, efter smak

INSTRUKTIONER:

a) I en stor skål, kombinera kikärter, avokado, körsbärstomater, rödlök och persilja.

b) I en liten skål, vispa ihop olivolja, citronsaft, hackad vitlök, salt och peppar.

c) Häll dressingen över salladen och blanda försiktigt.

78. Crunchy Fried Tofu Sushi Bowl

INGREDIENSER:
- 4 koppar tillagat traditionellt sushiris
- 6 uns fast tofu, skuren i tjocka skivor
- 2 msk potatisstärkelse eller majsstärkelse
- 1 stor äggvita, blandad med 1 tsk vatten
- ½ dl brödsmulor
- 1 tsk mörk sesamolja
- 1 tsk matolja
- ½ tsk salt
- En morot, skuren i 4 tändstickor
- ½ avokado, skuren i tunna skivor
- 4 matskedar majskärnor, kokta
- 4 tsk hackad salladslök, endast gröna delar
- 1 nori, skuren i tunna strimlor

INSTRUKTIONER:
a) Förbered sushiriset.
b) Lägg skivorna mellan lager av hushållspapper eller rena diskhanddukar och lägg en tung skål ovanpå dem.
c) Låt tofuskivorna rinna av i minst 10 minuter.
d) Värm din ugn till 375°F.
e) Muddra de avrunna tofuskivorna i potatisstärkelsen.
f) Lägg skivorna i äggviteblandningen och vänd dem så att de täcks.
g) Blanda panko, mörk sesamolja, salt och matolja tillsammans i en medelstor skål.
h) Tryck lätt på några av pankoblandningarna på var och en av tofuskivorna.
i) Lägg skivorna på en plåt täckt med bakplåtspapper.
j) Grädda i 10 minuter och vänd sedan skivorna.
k) Grädda i ytterligare 10 minuter, eller tills pankobeläggningen är krispig och gyllenbrun.
l) Ta ut skivorna från ugnen och låt dem svalna något.
m) Samla ihop 4 små serveringsskålar. Blöt fingertopparna innan du lägger till ¾ kopp sushiris i varje skål.
n) Platta försiktigt ut risets yta i varje skål. Dela panko tofuskivorna mellan de 4 skålarna.
o) Tillsätt ¼ av morotständstickorna i varje skål.
p) Lägg ¼ av avokadoskivorna i varje skål. Höga 1 matsked av majskärnorna ovanpå varje skål.
q) För att servera, strö ¼ av nori-remsorna över varje skål. Servera med sötad sojasirap eller sojasås.

79. Asiatisk Quinoasallad

INGREDIENSER:
- 2 dl kokt quinoa
- 1 kopp strimlad vitkål
- 1 paprika, tunt skivad
- 1 kopp edamame, ångad
- 1/4 kopp skivad salladslök

KLÄ PÅ SIG:
- 3 msk sojasås
- 2 msk risvinäger
- 1 msk sesamolja
- 1 msk lönnsirap
- 1 tsk riven ingefära

INSTRUKTIONER:

a) I en stor skål, kombinera quinoa, strimlad kål, paprika, edamame och salladslök.

b) I en liten skål, vispa ihop sojasås, risvinäger, sesamolja, lönnsirap och riven ingefära.

c) Häll dressingen över salladen och blanda ihop.

SUSHI SKÅLAR

80.Sushi skål sallad

INGREDIENSER:
- 2 dl kokt sushiris
- 1 dl gurka, tärnad
- 1 avokado, skivad
- 1 kopp julienade morötter
- 1/2 kopp inlagd ingefära
- 1 noriark, strimlad

KLÄ PÅ SIG:
- 3 msk sojasås
- 2 msk risvinäger
- 1 msk sesamolja
- 1 msk lönnsirap

INSTRUKTIONER:
a) Lägg i en stor skål sushiris, tärnad gurka, skivad avokado, skurna morötter, inlagd ingefära och strimlad nori.
b) I en liten skål, vispa ihop sojasås, risvinäger, sesamolja och lönnsirap.
c) Ringla dressingen över salladen och servera.

81. Wokad Sushi Bowl

INGREDIENSER:
- 1½ dl sushiris
- 4 stora smörsallatsblad
- ½ kopp rostade jordnötter, grovt hackade
- 4 tsk hackad salladslök, endast gröna delar
- 4 stora shiitakesvampar, stjälkarna avlägsnade och tunt skivade
- Kryddig tofumix
- ½ morot, spiralskuren eller strimlad

INSTRUKTIONER:

a) Förbered Sushi Ris och Kryddig Tofu Mix.

b) Lägg upp smörsallatsbladen på en serveringsbricka.

c) Rör ihop det förberedda sushiriset, rostade jordnötter, hackad salladslök och shiitakesvampskivorna i en medelstor skål.

d) Dela det blandade riset mellan salladsskålarna.

e) Packa försiktigt ner riset i salladsskålen.

f) Fördela den kryddiga tofublandningen mellan salladsskålarna.

g) Toppa var och en med några av morotsvirvlarna eller strimlarna.

h) Servera wokningsskålarna med lite sötad sojasirap.

82.Orange Sushi koppar

INGREDIENSER:
- 1 kopp tillagat traditionellt sushiris
- 2 kärnfria navelapelsiner
- 2 tsk plockad plommonpasta
- 2 tsk rostade sesamfrön
- 4 stora shisoblad eller basilikablad
- 4 tsk hackad salladslök, endast gröna delar
- 1 ark nori

INSTRUKTIONER:

a) Förbered sushiriset.

b) Skär apelsinerna på mitten på tvären. Ta bort en liten skiva från botten av varje halva så att var och en lägger sig platt på skärbrädan. Använd en sked för att ta bort insidan från varje halva. Spara alla juicer, fruktkött och segment för annan användning såsom Ponzu-sås.

c) Doppa fingertopparna i vatten och lägg cirka 2 matskedar av det förberedda sushiriset i varje apelsinskål.

d) Smörj ½ tesked av den inlagda plommonpastan över riset. Lägg ytterligare 2 msk lager ris i varje skål. Strö ½ tesked av de rostade sesamfröna över riset.

e) Stoppa ett shiso-blad i hörnet på varje skål. Höga 1 tsk av salladslöken framför shisobladen i varje skål.

f) För att servera skär du nori i tändsticksbitar med en kniv. Toppa varje skål med några av nori-bitarna. Servera med sojasås.

83.Peach Sushi skål

INGREDIENSER:
- 2 koppar tillagat traditionellt sushiris
- 1 stor persika, kärnade och skär i 12 klyftor
- ½ kopp Sushi-risdressing
- ½ tsk vitlök chilisås
- Skvätt mörk sesamolja
- 1 knippe vattenkrasse, tjocka stjälkar borttagna

INSTRUKTIONER:
a) Förbered sushiriset och extra sushirisdressing.
b) Lägg persiklyftorna i en medelstor skål. Tillsätt Sushi Rice Dressing, vitlök chilisås och mörk sesamolja.
c) Ge persikorna ett gott släng i marinaden innan du täcker dem.
d) Låt persikorna stelna i rumstemperatur i marinaden i minst 30 minuter och upp till 1 timme.
e) Blöt fingertopparna innan du lägger ½ kopp av det förberedda sushiriset i varje skål.
f) Platta försiktigt ut risets yta.
g) Dela påläggen jämnt i ett attraktivt mönster över toppen av varje skål, tillåt 3 persikoskivor per portion.
h) Servera med en gaffel och sojasås till doppning.

84. Ratatouille Sushi Bowl

INGREDIENSER:
- 2 koppar beredd traditionellt sushiris
- 4 stora tomater, blancherade och skalade
- 1 msk hackad salladslök, endast gröna delar
- ½ liten japansk aubergine, rostad och skuren i små tärningar
- 4 matskedar stekt lök
- 2 msk sesamnudeldressing

INSTRUKTIONER:

a) Förbered Sushi Ris och Sesam Nudel Dressing.
b) Lägg Sushi-riset, salladslöken, aubergine, stekt lök och sesamnudeldressing i en medelstor skål och blanda väl.
c) Skär bort toppen av varje tomat och gröp ur mitten.
d) Häll ½ kopp av den blandade sushirisblandningen i varje tomatskål.
e) Använd baksidan av skeden för att försiktigt platta ut riset.
f) Servera tomatskålarna med en gaffel.

85.Avokado Sushi skål

INGREDIENSER:
- 1½ koppar tillagat traditionellt sushiris
- ¼ liten jicama, skalad och skuren i tändstickor
- ½ jalapeño chilipeppar, frön borttagna och grovhackade
- Saft av ½ lime
- 4 matskedar Sushi Risdressing
- ¼ avokado, skalad, kärnad och skär i tunna skivor
- 2 färska korianderkvistar, till garnering

INSTRUKTIONER:
a) Förbered Sushi Rice och Sushi Rice Dressing.
b) Blanda jicama tändstickor, hackad jalapeño, limejuice och sushirisdressing i en liten skål som inte är av metall. Låt smakerna blandas i minst 10 minuter.
c) Häll av vätskan från jicamamixen.
d) Blöt fingertopparna innan du lägger till ¾ kopp sushiris i varje skål.
e) Platta försiktigt ut risets yta.
f) Höga ½ av den marinerade jicamaen ovanpå varje skål.
g) Dela avokadoskivorna mellan de två skålarna, arrangera var och en i ett snyggt mönster över riset.
h) För att servera toppar du varje skål med en färsk korianderkvist och Ponzu-sås.

DESSERTER

86. Japansk lemony shochu

INGREDIENSER:
- 20 ml färsk citronsaft
- 20 ml shochu
- 40 ml sodavatten
- Lime och citronklyftor till garnering

INSTRUKTIONER:
a) I en ren cocktailshaker, häll i allt innehåll och skaka väl för att blanda
b) Tillsätt några isbitar i de färdiga glasen och häll drinken i varje
c) Servera med citron och limeklyftor

87. Mochi godis

INGREDIENSER:
- 1 ½ kopp. Färdiggjord Anko
- 11/2 kopp. vatten
- 1 kopp. Katakuriko (majsstärkelse)
- ½ kopp. socker
- 1 ¼ kopp. shiratama-ko (rismjöl)

INSTRUKTIONER:
a) Värm ½ kopp. Vatten. Tillsätt ½ kopp. Socker, låt koka upp
b) Släng i ½ av Anko-pulvret. Rör om väl för att blanda
c) Tillsätt mer vatten om det känns torrt, rör om tills det blir fast. Låt svalna åt sidan
d) När det svalnat, ös upp innehållet och forma till 10 eller fler små bollar
e) Blanda resten av sockret och vattnet i en liten skål, ställ åt sidan
f) Häll rismjölet i en skål . Häll försiktigt sockerblandningen i mjölet, rör om till en deg
g) Placera den i mikrovågsugnen och värm upp i 3 minuter
h) Spraya lite katakuriko på ytan, ta bort degen och lägg den på den mjölade plattformen.
i) Knåda den försiktigt, skär i bollar och platta till varje boll.
j) Lägg en Anko-boll i varje platt deg, rulla den till en boll

88.Japanska fruktspett

INGREDIENSER:

- 2 koppar. Jordgubbe. DE skalade och tips borttagna
- 12 gröna oliver
- 2 koppar. Ananastärningar eller 1 burk ananas
- 2 koppar. Skivad kiwi
- 2 koppar. Björnbär
- 2 koppar. Blåbär
- 9 spett eller tandpetare

INSTRUKTIONER:

a) Häll av överflödig vätska från frukterna och fäst dem alternativt på spetten
b) Lägg de fyllda spetten i en bricka och låt stå i kylen i 1 timme
c) Ta ut och servera när det är klart

89.Agar fruktig salsa

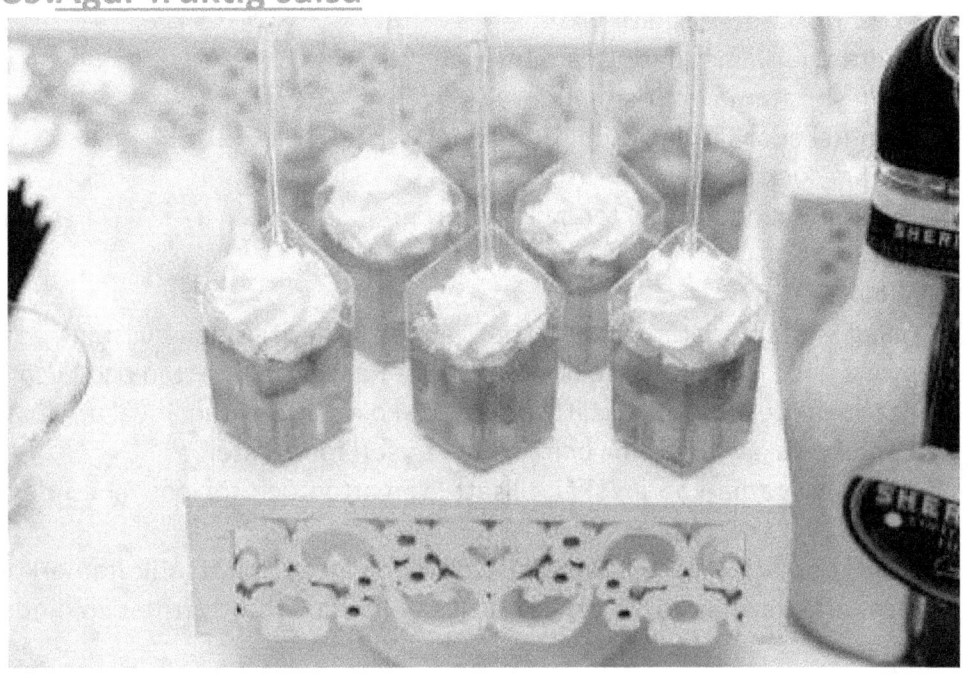

INGREDIENSER:
- 1 pinne. Kanten agar (fruktgelé)
- 1 liten burk. mandarin segment
- 40 g shiratama-ko (rismjöl)
- 3 matskedar färdiggjorda röda bönor
- 10 kg. socker
- 1 kopp. Blandade frukter av kiwi, jordgubbar m.m.

INSTRUKTIONER:
a) Lägg Kanten-agaren i kallt vatten, låt blötläggas tills den blir mjuk
b) Koka upp 250 ml vatten, töm den möra Kanten från vatten och tillsätt till det kokande vattnet. Tillsätt socker och koka tills Kanten är väl upplöst. Häll upp i en skål, låt svalna och frys in i frysen för att stelna
c) Häll shiratama-ko i en skål, tillsätt lite vatten och rör om till en deg. Rulla den och skär i bollar
d) Koka upp ytterligare en stor kastrull med vatten, tillsätt shiratama-ko-bollarna när vattnet kokar och koka tills bollarna flyter över det kokande vattnet.
e) Lägg de skurna frukterna i en skål, tillsätt de färdiga shiratama-ko-bollarna, ös upp en del av de röda bönorna, mandarin, skär uppsättningen Kanten i tärningar och lägg i skålen.
f) Ringla över mandarinsirap eller sojasås om det finns och servera

90.Kinako Dango

INGREDIENSER:
- Kinako, halv kopp
- Strösocker, två matskedar
- Kallt vatten, en halv kopp
- Dango pulver, en kopp
- Kosher salt, halva teskedar

INSTRUKTIONER:
a) Tillsätt Dango-pulver och vatten i en mixerskål. Blanda väl tills det är väl blandat.
b) Ta tag i lite deg och forma till en boll.
c) Lägg den på en plåt och upprepa tills all deg är använd.
d) Ställ åt sidan en skål med kallt vatten.
e) Tillsätt dangobollar i kokande vatten och koka tills de stiger till toppen.
f) Häll av och tillsätt kallt vatten. Låt stå några minuter tills de svalnat och rinna av.
g) Tillsätt kinako, socker och salt i en annan mixerskål och blanda väl.
h) Lägg hälften av kinakoblandningen i en serveringsskål, tillsätt dangobollar och toppa med överbliven kinako.
i) Din måltid är redo att serveras.

91.Dorayaki

INGREDIENSER:
- Älskling, två matskedar
- Ägg, två
- Socker, en kopp
- Mjöl, en kopp
- Bakpulver, en teskedar
- Röd bönpasta, halv kopp

INSTRUKTIONER:

a) Samla ihop alla ingredienser.
b) I en stor skål, kombinera ägg, socker och honung och vispa väl tills blandningen blir fluffig.
c) Sikta ner mjöl och bakpulver i bunken och blanda ihop allt.
d) Smeten ska bli något slätare nu.
e) Hetta upp en stor stekpanna med non-stick på medelhög värme. Det är bäst att ta sig tid och värma långsamt.
f) När du ser att ytan på smeten börjar bubbla, vänd och tillaga den andra sidan.
g) Lägg den röda bönpastan i mitten.
h) Linda dorayaki med plastfolie tills den ska serveras.

92.Matcha glass

INGREDIENSER:
- Matcha pulver, tre matskedar
- 2 koppar växtbaserad Half and half,
- Kosher salt, en nypa
- Socker, halv kopp

INSTRUKTIONER:
a) I en medelstor kastrull, vispa ihop hälften och hälften, socker och salt.
b) Börja koka blandningen på medelhög värme och tillsätt grönt tepulver.
c) Ta bort från värmen och överför blandningen till en skål i ett isbad. När blandningen är sval, täck med plastfolie och kyl i kylen.
d) Din rätt är redo att serveras.

93. Zenzai

INGREDIENSER:
- Mochi, en kopp
- Röda bönor, en kopp
- Socker, tre matskedar

INSTRUKTIONER:
a) Placera röda bönor och fem koppar vatten i en kastrull.
b) Koka upp och koka i fem minuter, och sila sedan av bönorna och kasta bort vattnet de kokades i.
c) Töm nu bönorna och spara vattnet de kokades i.
d) Lägg avrunna bönor i grytan, tillsätt socker och låt koka på medelvärme i tio minuter under konstant omrörning.
e) Häll sedan i vattnet från kokningen av bönorna, smaka av med socker och rör om på låg värme.
f) Grädda mochi över en grill eller i en brödrost tills de expanderar och får lite färg.
g) Lägg mochi i en serveringsskål och täck med en kula bönsoppa.

94.Okoshi

INGREDIENSER:
- Kokt ris, en kopp
- Tempuraolja, en matsked
- Socker, en kopp
- Puffat ris, en kopp
- Jordnötter, halv kopp

INSTRUKTIONER:

a) Bred ut det kokta riset på en plåt i ett tunt lager och lägg det på en platt sil eller en serveringsbricka.

b) När riset blir genomskinligt och krispigt är det klart för vidare beredning. Bryt först ner eventuella klumpar med fingrarna.

c) Klä en form för okoshi med bakplåtspapper.

d) Värm tempuraolja till 180 grader och fritera riset.

e) Blanda socker med vatten och koka på medelvärme tills sirapen börjar sjuda, sänk sedan värmen och tillsätt jordnötter om du vill.

f) Kombinera stekt, puffat ris och sockersirap snabbt och överför till en behållare. Täck toppen med en plåt och tryck till med ett tungt och plant föremål.

g) Skär i små bitar och servera.

95. Dango

INGREDIENSER:
- Joshinko rismjöl, en kopp
- Shiratamako rismjöl, en kopp
- Socker, halv kopp
- Varmvatten, efter behov

INSTRUKTIONER:

a) Blanda ihop det klibbfria joshinko rismjölet, shiratamako klibbigt rismjöl och socker.

b) Tillsätt det varma vattnet lite i taget, blanda väl.

c) Täck skålen du blandade din dangoblandning i och låt mikrovågsugnen i några minuter. Fukta händerna igen och rulla degen till jämnstora bollar.

d) Din rätt är redo att serveras.

96.Japansk kaffegelé

INGREDIENSER:
- 470 ml starkt, varmt kaffe
- 1 paket gelatinpulver
- 60 g socker
- 100 ml grädde
- 2 matskedar socker

INSTRUKTIONER:

a) Rör först ut gelatinpulvret i 4 teskedar vatten och låt det svälla i 10 minuter.
b) Tillsätt sockret i kaffet och rör tills sockret har löst sig. Låt kaffet svalna.
c) Fyll kaffet i en platt form (ca 2 cm hög) och ställ i kylen i 6 timmar.
d) Vispa grädden med 2 tsk socker.
e) Ta ut formen ur kylen och skär allt i stora tärningar. Servera med grädde.

97. Vegansk Matcha Tiramisu

INGREDIENSER:

- 1 dl cashewnötter, blötlagda
- 1/4 kopp lönnsirap
- 1 tsk vaniljextrakt
- 1 msk matchapulver
- 1 kopp starkt bryggt grönt te, kylt
- Veganska ladyfingers
- Kakaopulver för att pudra

INSTRUKTIONER:

a) Blanda blötlagda cashewnötter, lönnsirap, vaniljextrakt och matchapulver tills det är slätt.
b) Doppa veganska ladyfingers i det gröna teet och lägg dem i botten av en skål.
c) Bred ut ett lager av cashew-matcha-blandningen över ladyfingers.
d) Upprepa lager och avsluta med en pudring av kakaopulver.
e) Ställ i kyl några timmar innan servering.

98.Vegansk Sakura Mochi

INGREDIENSER:
- 1 kopp sött rismjöl
- 1 1/4 kopp vatten
- 1/4 kopp socker
- Röd bönpasta (anko)
- Salta körsbärsblommor (sakura)

INSTRUKTIONER:
a) Blanda sött rismjöl, vatten och socker i en skål.
b) Ånga blandningen i cirka 20 minuter tills den stelnar.
c) Låt den svalna och dela i små portioner.
d) Platta till varje portion, tillsätt en klick röd bönpasta och slå in den till en boll.
e) Garnera med saltade körsbärsblommor.

99.Vegansk Kinako Warabi Mochi

INGREDIENSER:
- 1 kopp warabi mochi pulver
- 2 koppar vatten
- 1/2 kopp kinako (rostat sojabönmjöl)
- 1/4 kopp socker
- Kuromitsu (japansk farinsockersirap)

INSTRUKTIONER:
a) Blanda warabi mochipulver och vatten i en kastrull.
b) Koka på medelvärme, rör hela tiden tills det tjocknar.
c) Häll i en form och kyl tills den stelnat.
d) Skär i lagom stora bitar och täck med en blandning av kinako och socker.
e) Ringla över kuromitsu före servering.

100.Vegansk Yuzu-sorbet

INGREDIENSER:
- 1 kopp yuzu juice
- 1 kopp vatten
- 1/2 kopp socker
- Skal av 1 yuzu (valfritt)

INSTRUKTIONER:
a) Blanda yuzujuice, vatten och socker i en kastrull.
b) Värm på medelvärme, rör om tills sockret löst sig.
c) Ta bort från värmen, tillsätt yuzu-zest om du använder det och låt det svalna.
d) Häll blandningen i en glassmaskin och kärna enligt tillverkarens instruktioner.
e) Frys in tills det är fast och servera.

SLUTSATS

När vi når de sista sidorna av "Japansk kokbok för veganer", hoppas vi att dessa recept inte bara har tillfredsställt dina smaklökar utan också har inspirerat till en nyvunnen uppskattning för enkelheten och elegansen i det japanskt inspirerade växtbaserade köket. Må dessa rätter bli häftklamrar i ditt kök och föra med sig konsten att laga "japansk" matlagning in i ditt dagliga liv.

Resan slutar inte här; det fortsätter i ditt kök när du experimenterar, skapar och delar dessa läckra veganska läckerheter med vänner och familj. "Japansk kokbok för veganer" är mer än en samling recept; det är en inbjudan att omfamna skönheten i växtbaserat boende, infunderat med Japans hävdvunna smaker. Här är glädjen att njuta av, dela och omfamna enkelheten i ett veganskt kulinariskt äventyr. Glad matlagning!

www.ingramcontent.com/pod-product-compliance
Lightning Source LLC
Chambersburg PA
CBHW071903110526
44591CB00011B/1524